Wortschätze 1

DIE TEXTE

Wortschätze - aufgelesen am Strand, an den das Meer des Lebens sie geschwemmt hat. Durcheinander gewirbelte Buchstaben und Wörter finden einander und werden zu Texten, die erinnern an die Wogen des Lebens, an all die kleinen und großen Ereignisse, die Menschen eben formen und bewegen - so wie das Meer „sein" Treibgut.

DIE AUTORIN

Schon früh interessiert sich die diplomierte Pädagogin für die Sprache als Instrument zwischenmenschlicher Verbindungen.
Leidenschaftlich spielt sie mit Worten und Bildern, lässt aus dem einen lustvoll das andere entstehen.
Ihre Texte sind aus dem Leben gegriffen und mit hohem Wiedererkennungswert für all jene geschrieben, die, wie die Autorin selbst, zwischen den Tönen zu hören und zwischen den Zeilen zu lesen vermag. Barbara Grabers Texte wurden 2014 im Rahmen des Kärntner Lyrikpreises ausgezeichnet.

Barbara Graber

Wortschätze 1

Fundstücke & Treibgut
aus dem Meer des Lebens

A–K

Bibliografische Information der Deutschen Nationalbibliothek:
Die Deutsche Nationalbibliothek verzeichnet diese Publikation in
der Deutschen Nationalbibliografie; detaillierte bibliografische
Daten sind im Internet über http://dnb.dnb.de abrufbar.

Fotos: **Barbara Graber**
Fotobearbeitung: Christoph Scharwitzl

Herstellung und Verlag: BoD – Books on Demand, Norderstedt

ISBN: 978-3-7392-0878-7

All jenen, die

nicht müde werden

diese Welt zu gestalten

als einen Ort der Begegnung

als einen Platz zum Leben

und einen weiten Raum

in dem WORTSCHÄTZE

gut aufgehoben

sind.

abends

andeutungsweise Alltägliches
ahnend
alte Angelegenheiten ablegend
anderswo andockend

atemlos anpacken

achtsam
aufrichtig
ausgerichtet

ANGELANGT

Angelangt
am Saum der Zeit

netzbestrumpfte Frauen
hängen Wintertöne
über dem Wasser auf

aus der blass-lila Tasche
rauscht der Zug

über dem Schilfgürtel
löst sich
der Feuerball

wie durch Zufall kehrt Ruhe ein

ALLES KOMMT WIEDER

Die Antwort kommt
schon mit der nächsten Welle

taumelt
am Ufer entlang

gipfelt
im immer neuen Werden

in immer neuen Zeiten,
Leben, Schmerzen, Lieben,

    Wollen.

    Wir?

Alles schon da gewesen – alles kommt
wieder.

ALLES UND NICHTS

Ins Unendliche
fließende Welten
aus allem

 und nichts
das uns hält

außer ein Schimmer
von Vergangenheit
unterm tief hängenden Mond
der stumm mir Gesellschaft
leistet

ALLTÄGLICH

Heiße
kunstseidene
Tränen der Verzweiflung
benetzen hauchzart
ihre glühenden Wangen

tropfen

leise auf die
beinah vergessenen
wunden Brustspitzen
der kühlen
Alltäglichkeit

ANDEUTUNGSWEISE

Die spitze Mondsichel
ritzt

zerbrechlich
schmale
Andeutungen

hauchdünn
in die raue Decke

schnörkellos
und doch
verspielt

unhaltbare Zeichen

mit denen
ihre wilden Gedanken
auf Zehenspitzen
tanzen

ALLES ODER NICHTS

Inmitten

all
des Sternenstaubs
schmachtende Liebe

die durch die Leere
ihn gnadenlos treibt

zu finden seine Rolle
inmitten der Spitze

des

weiten
weißen
weichen

Nichts

AUSSEE

Fetzen blecherner Töne
gibt der uferlos goldene Trichter
hadernd preis

erdige Sehnsucht
treibt
ein kupfernes Blatt
über die moosgrüne Oberfläche
des stillen Wassers

prallt ab am Rund
des hölzernen Balkens
der hier verrottet
seit der Kaiser ihn sah

Schwingt sich noch einmal auf
feucht
schwer
rotschimmernd keuchend
zum hohen G

und hallt kantig
von der Felswand wider

klagend
suchend
die Seele vermissend

hinein ins Herz dessen
der hören will
was einst zu fühlen war

AM TOR

Vogelwilde Gedankenwirbel
mäandern
träge wie heißer Asphalt
durch seidene Adern

Das dürre Geflecht
poröser Beziehungen
existiert nur noch an der Schwelle

zu ihren
handgeschnitzten Erinnerungen

schutzlos steht sie
am Tor

ins Morgen

ANGLERIN

Sie
wagt sich in die Nähe des Fremden

kartographiert die reichen Gebiete

korallenrot
krallt sie sich
fest

in der Heimat des Gottes
der sich selbst
Opfer genug ist

Stille Anglerin
zwischen den Lauten

ABSPANN

Im Abspann des Lebens
laufen Namen
wie zufällig
über die grobe Leinwand

erzählen
von Märschen
durch karge Landschaften

versickern
sodann schallgedämpft
im Sumpf der Bedeutungslosigkeit

nur
um ein paar Blasen
zu werfen

ALLES NEU

Ergriffen knüpfe ich
Bekanntes und Neues
zu einem Band

Atem holen
den hungrigen Geist
aus der Umarmung befreien
das Herz zur Blüte bringen

Den tiefen Geräuschen
Aufmerksamkeit schenken

Sie spiegeln vornehm
der gläsernen Leuchten
warmen Schein

verankern ihn im Bleibenden

winzige Zeichen
künden von der Vereinigung
im Raum der Gegensätze

der so zur immer neuen Heimat wird

AUFGELÖST

Die Poesie der Wellen
morgens
in die Manteltasche gesteckt

den Geist üppig getränkt

von Faszination durchdrungen
schafft kunstfertig sie
Gedanken einfach aufzulösen

in bitterem Tee

AUSNAHMEZUSTAND

Kalte Zwischentöne
bohren sich
erbarmungslos
in die Decke

Epochales Zahlengewirr
schiebt sich
in eine Zeit
menschlichen Ausnahmezustands

Wahnwitzig
leuchtet
die menschenlebenslange
Suche nach Freiheit

ABSCHIED

Matrose

zum letzten Mal
bist du ausgelaufen

auf dem Schiff
mit dem klingenden
Namen

bleibst nun für immer
auf der Insel
draußen im verschwiegenen Ozean

schnörkellos kommen die Wellen
ohne Dich zurück

und kringeln sich
um meine Zehen

ADIEU, KLEINER GARDEOFFIZIER

Gemälde schaffen
aus gestellten Worten

in der Handschrift
eines abtrünnigen Offiziers

üppig an Details
festgemacht
an einer protzigen Goldspange

was zählt ist nur
der Dienst des Lebens

sich selbst
          gegenüber

ALTE WÖRTER

Das Abendblatt
nimmt Ihr vorweg

woran sie ihre Empfindlichkeiten
morgen erst ergötzen wollte

Ironien gewebter Geständnisse
existieren nicht mehr

Die hohle Hand voll neuer Namen
verdeckt unmöglich
ihre Nacktheit

in dem perfiden Spiel
mit alten Wörtern

ABEND

Mag sein
wo die Mauersegler heute schreien

Füge eins
zum anderen
wie es passt

rauchgeschwängerte Worte
zerreißen hungrig

den Abend
aus Gold

AHNUNG

Ein Nummernkonto
das dem Schatten des Tigers
zum Opfer fiel
ist wertlos

Die üppigen Schenkel
erhöhen kühn den Druck

hurtig
erheben sich Lieder vergessener Zeiten

bäumen sich auf
gegen die Ewigkeit
in Formen der Erinnerung
atmen in die Vorahnung hinaus

AM SEE

In der Laube des Daseins
einem Dichter verfallen

muss junge Gedanken verführen
zierliches Leben beschreiben
Worte schönen

abenteuerlich

Er sitzt
ausgezehrt wie starre
Bahngleise im November

ächzend
unter der Last der Poesie
im groben Schatten der eigenen
Geschichte.

ANGESICHT

Im Angesicht

der unlauteren Farbenpracht
in sich

hören
was schwingt

AUSEINANDER GESETZT

Unbehagen.
Diese Gegenwart.
Nasskaltes Grauen steigt auf.

Klettert aus kalten Augen
direkt ins offene Herz.

Gleißende Wucht
zeitloser Auseinandersetzung.

Sich auflösende
Grenzen.

Hinein tauchen
in diffuse Welten
schwammiger Momente.

Zur rechten Zeit
mit links erledigt.

Beiläufig beschauliche
Brombeergeschichten

Belanglose Begegnungen beweint
Bittersüße Blutergüsse
bestaunt

Blitzlichter
blauäugig
berührt

Betörende Bilder
bleiben

BETEN

Weiß nicht wohin
nicht wie
nicht wann

nur

dass

es
weiter geht
weiter wird

ich

weiter gehe
weiter werde

      durchlässig

für die Gebete
des Lebens an sich selbst

BIS DU GEHST

Freude

Dich
ein kleines Stück
zu begleiten

Respekt

vor der Aufgabe
Dir vom Leben
das Richtige zu erzählen

Achtung

vor den Bildern
die Du
mit auf deinen Weg nimmst

und Liebe

die manchmal auch
Trauer trägt.

BETÖREND

Betörend
stiehlt sich das Flüstern der Götter
in ihr Ohr

ergießt sich in ihren Geist
und füllt das Herz
mit unbändiger Sehnsucht.

Gedanken reisen durch karge Wälder
wie durch fremder Welten Sphären

fest gehalten
in der Chronik einer liebenden Seele

hölzerne Geständnisse
ungeschickt
einhüllend

BLEIBEN

Das Gemälde
aus künstlichem Erdbeerlicht
wirkt kratzig

bodenlos

von einem Ort
jenseits der Welt

ein Windhauch voll rauschender Freiheit
prägt sich unausgesprochen
ein

enttarnt

bis sich Eiskristalle
über die Worte legen

halt still
im Duft der Dämmerung
damit sie bleiben

BLITZLICHT

Atemberaubende Höhenflüge
in die Transzendenz

raffinierte Poesie
in Girlanden
beinahe vergessener Begebenheiten

gefasst

still
dem Zauber
der Linse erlegen

Chronik:

Chiffonstoffleichte
Chellomelodien.

Chamäleon – Cyanblau
chaotisch clevere Clowns.

Chorgesänge contra
Chimärengeplärr.

chamoisfarbene Charakterrollen
credofrei.

Cha-Cha-Cha!

CAMEE

Rosarote Menschenträume
silbrig glänzend
gesponnen aus Morgenlicht

stehen im Wolkenbausch
mit der Kraft
des letzten saftigen Grashalms

der sich anbietet
Halt an ihm zu finden

Zur Sonnenwende
das Seidentuch drapiert
an Großmutters Kragen

in Blütenduft getaucht
verspricht sie dem
Hoffenden

Heilung

CHAMPAGNER

Langsam neigt der Abend sich
buckelt vor dem kalten Ende
die Blasen längst geplatzt

Musik liegt rauchig in der einstmals
klaren Luft

Legt sich um unsere Hälse
kratzig wie der Wollschal
rot
aus Kindertagen

Fort das Funkeln
Fort der Schein

Ein Glas noch
Champagner

auf uns

Dunkelblaue Dankbarkeit
daunenleicht

durchsichtig
direkt

dotterblumengelb
durchdringt dämmriger Duft

die Dinge

DANKBARKEIT

Ein köstliches Verlangen
leitet mich zu der Quelle
finde sie

nicht

verborgen
in der Mitte

So viel ist ihr schon entsprungen
dass der Geschmack
der Ewigkeit
ihr innewohnt

innig
nehme ich auf
was nicht zu fassen ist

Dankbarkeit

DURCHSICHTIG

Blind vor Angst
starr
durch den Schmerz
hindurch sehen

bis er sich
durch
und
durch

In der
Unendlichkeit der Räume
auflöst

und

so
ein warmes
Weiter

e r ö f f n e t

DICH FINDEN

Die Farben des Herbstes
jagen kaltblütig graue Gedanken
vor sich her

biegen sie zu großen Körben

Über das Wasser kräuseln
sich Wellen der Sehnsucht

wollen im Dunst
unbemerkt aufsteigen

zu dir

DIAGNOSE

Ohrenbetäubend
kreischt der Kugelschreiber
auf dem stumpfen Krankenhauspapier

der Durchschlag
windet sich knittrig

Wie ein brunftgepeinigter Spiralwurm
vor dem Exodus

Diagnose?
Unbrauchbar!

DANKBAR ERWACHEN

Durch das Tor
der Lebendigkeit
hingegossen

aus billigem Rotwein

fließe ich hinein
in das Unbekannte

ergebe mich
in eine neue Form
der Dankbarkeit

erwache
in einem neuen Licht

DIE LETZTEN DINGE

Wild und bodenständig
sich behaupten
im Fjord
der letzten Dinge

Skurrile Kost
ist der Reigen vor dem Palast

Immer neue Irrwitzigkeiten
sind irgendwelchen exotischen
Geheimnissen auf der Spur

Die Wüste des eigenen Denkens
nach Erleuchtung durchsucht

frei vom Staub des Alten
so etwas wie Liebe zwischen den Zeiten

im sanften Flug
den Duft des wilden Flieders atmend

alt sein

DISTANZEN

Das berühmte
Morgen
von gestern

Ist heute
noch viel weiter

weg

Elfenbeinfarbige Episoden
Erzählungen einer Ewigkeit
einmütig eingereiht

edel eingewickelt
Eingemachtes

einfach eingerahmte
Entäußerungen

elegant entzaubert
einsam erleuchtet

endlich

ein edelweißes Ende

ERZÄHLUNGEN

Seinen Kopf
legt er schwer in den Schoß
der ewigen Nacht

vertrauensvoll
gebettet

in die Freiheit
immerwährender Vergangenheiten

mild berauscht
von den seichten Erzählungen

still belächelt
vom blanken See

ERDBEERGLUT

Bauchnabeltief
eintauchen

die Brandung der Jahre erahnend

Finsternis
küssen

berauscht und gewärmt
von bittersüßer
Erdbeerglut

gehen

EPISODEN

Verworrene Gedankenfetzen
fügen sich ineinander
wie Atemzüge
nach einem langen Kuss

Die Sehnsucht
wird unweigerlich

bald

zurückkehren
und ihren Schleier
über das Mondlicht legen

So lange
bis die Wogen brechen
in alle Richtungen zerbersten

groß und schwer
zu zeitlosen Episoden
verkommen

ENTSORGTE ZEITEN

Ein winziger Funke
entzündet sich
wie eine Wunde im Herbst

Strohfeuer
leuchten weit

                            entsorgte Zeiten

Augen suchen Halt
im Jetzt
trinken morgens Frühlingsluft

lauschen in Ruhe
dem Klee

EIN LOCKEN

Der nackte Tag
streckt lüstern
seine bernsteinfarbene Hand
nach ihr aus

schleicht sich verstohlen
durch Vorhänge aus schweren Gerüchen

Die Dämmerung
wälzt sich rückwärts hinaus

wütende Böen
kalt gepresster Seufzer
schneiden die verblassende Nacht
in zwei gläserne Teile

kantig
von abgrundtief fremder Schönheit

Ein Lockruf
die inneren Verstecke
für immer
zu verlassen

ERINNERUNG

Roter Hibiskus
in den Adern
fließt längst keine stachelige Tinte mehr
daunenleicht fällt ihr Blick auf poröses
Leder

verletzlich

Der Duft verheißt
geborgtes Glück

hält fest was
kaum gebraucht schon längst vermodert

zerfällt

im Rauch eines samtigen Salbeiblatts

in handverlesene Erinnerung

Frei fallend
farbrauschigen Fantasien folgen

Freitags Freiheit feiern!
Famose Floskeln füttern

Freimütig feierliche Feuersätze
flüstern:

Friede! Freiheit! Freude!

fortan freiwillig friedlich
flussabwärts fahren.

Famoser Fund!

FREI VON ALTLAST

Der Tag ist sauber
gewaschen vom herab prasselnden Regen

der wahren Worte

Weiß gewandet schleicht sie
beinah schwebend
über den seidigen Asphalt
leise

vorbei
an den knorrigen Bäumen
die herbstschwer tragen
an der Last der reichen Ernte

Ihr Winter hat bereits begonnen
betört von der Zerbrechlichkeit

Gedanken
verloren
tropft zähflüssig Ewigkeit
von den Dächern ihrer Tempel

Würdevoll trägt sie
seiden-papierene Geständnisse
in ihrem ungeschminkten Herzen

ein ganzes Leben
erhaben
gestützt auf den handgeschnitzten Stock

FEUERSÄTZE

Feuersätze
haben dich bis hierher begleitet

Verneige dich noch einmal
vor den nackten Worten

Verlockendes Schillern
gläsern, seidig, wie Opale

Ideenwirbel
wollen mich hinunter zerren

ungefragt einzutauchen

ins venezianische Farbenspiel
der neunzehn Illusionen

FEIERLICH

Freudige Botschaft
der verbotenen Frucht

Beschwipst tauchen
Fetzen einer Zukunft
ab in Tiefen
die es niemals gab

    Laut
    Lauter
    Lachen

Kreischend metallischer Klang

Miteinander?
Niemals!

Das Leben will gefeiert werden

FARBENPRACHT

Burgunderblaue
smaragdrote
lavendelgelbe

Erinnerungen

aus Vaters Pinselstrich
und Mutters Liedern

fädeln sich

im Morgengrauen
aneinandergeschmiegt
auf zur Andacht

und wachsen einfach
in den Tag hinein

FILMRISS

In unterschiedlichen Formen
Offensichtliches umkreisen

fabelhaft
unfassbar
magisch

Ein Drehbuch
gehoben
aus dem Rausch der Tiefe
bleibt ungeöffnet liegen

komischerweise
ein Trauerfall

FREIHEIT

Im Zimmer
bloß gestaute Luft

Ideen

hängen geblieben
in Spinnweben
so gleißend
wie der Altweibersommer

ruf nur in die Nacht
schreib einen Brief
nach Haus

der Wasserhahn
schenkt seinen Takt
dem herbstlichen Orchester

Steig ein
flieg fort
die Bahn ist frei

FLÜSTERN

Licht
das listig
am Boden
entlang der knorrigen Dielen

kroch

unter den Türschlitzen
herein

bahnt sich kühn
seinen Weg in das bleierne Herz
voll langer Schatten

und lädt flüsternd ein

in seidiger Zeit
sich tollkühn
zu verlieren

Gold glänzende Geschichten gewebt
glitzernde Gedankenwelten gesehen

gestern gänzlich gottverlassen
gezweifelt

Gauner getroffen
Gelegenheit genutzt

Glut gesammelt
Girlanden geknüpft

Greise gefragt
Gehör gefunden
ganz gut groß geworden

GEFUNDEN

Verzage nicht
ich sehe

alle Pracht und Tiefe
verzage nicht
ich fühle

die volle Hitze deines Herzschlags
verzage nicht
ich ahne

wie du gemeint warst, wer du bist
verzage nicht
ich höre

die sich überschlagende Kraft
verzage nicht
ich reite

auf der Welle neuer Kraft
in junge Sphären
verzage nicht
ich habe

mich in dir
dich in mir
das Wesen des Lebens endlich wieder
gefunden

Komm,
wir spielen Kaufmannsladen:

GEDANKENLOS

Verlegen
wälze ich mich
im Dreiklang der Gedanken...

Synchron
zur klirrenden Stille
des Morgens

Mein Tempel ist

enttarnt

GESCHICHTEN VON FRÜHER

Ein Püppchen
zart, klein und abgeliebt

treue Begleiterin
Katze lange tot

ein Bett
mit bunt gestreiften Decken
kann
kein zu Hause sein.

Schleierhafte Worte
ranken sich

um stürmische Geschichten

GEDANKENSTROM

Knalligen Blattfontänen gleich

strömen ihre Gedanken
dem Geländer
entlang

bis zur untersten Stufe

artig blitzt die goldene Krone auf

ein Schwall unsäglicher Worte
bricht herein

brüchig
zermartert
mürbe wie alte
Weihnachtsbäckerei

GELB

Fragmente in beige
zeugen
vom Leben

aus der Hand gefallen

ein Kieselstein
sinkt
zum Grund

Hörst du?

So klingt
gelb

GOLDENE GEDANKEN

Feuerzüngelnde Drachenkraft
durchzuckt das Herz der Prinzessin

verstummt

am Baumstumpf ihrer Vergangenheit
sitzend
strickt sie
neue

goldene Gedanken

und singt

GESCHMACKSSACHE

Scharf am Gaumen

ätzt sich der Geschmack

süßer Versuchungen

    feinherb

ins taube Gewissen

GUTE ERNTE

Ein Hauch von Idylle
legt sich über den Geist

herbstliches Rascheln
erfüllt die Seele
bevor
sie sich zur Ruhe legt

Ein Kaminfeuer
aus guten Gedanken
züngelt in die Welt
und erfüllt ein Herz
mit Dankbarkeit

über die gute Ernte
unter schwierigen Bedingungen

GUTENACHTKUSS

Geschmeidig
wie Schilf im Sommerwind
fließt
der Gedankenstrom talwärts

allein

wie die Mohnblume

am Rand des Weizenfeldes

den Gutenachtkuss

fangend

Der Sternenhimmel

schmeckt nach

Erdbeereis

GEWISSHEIT

Alle paar Tage
eine neue Tönung

wolkengefiederte Familiengeschichten
biegen sich wie Grashalme im Sturm

die absolute Gewissheit
ist wie junges Grün in der Nase

Der Nachhall
nur noch ein
Anhängsel mit Lichtschweif

mit kalten Machenschaften
nichts zu tun

haben
sie
Spaß

GEHEIME VERSTECKE

Umfang mich
mit den Armen der Sehnsucht

Und
ich fließe
mit dir
um zu erfüllen
den goldenen Plan

Entdecke in mir
geheime Verstecke
der Lust
auf
neue Welten

Herzerfrischend

hurtig
hügelabwärts Hosenbodenrodeln

heiter herbstliche Heuorgien
herrliche Himbeeren haben

Handvoll hergeben

heimlich hoffen
heil sein

heureka!

HALBHERZIGE DEUTUNGEN

Halbherzige Deutungen
sind der Ewigkeit zu wenig

dann lieber
allein

und
alles

HEILUNG

Dicht
verwoben
mit den Fasern
der Leichtigkeit

Aus dem hintersten Winkel der Idylle
steigt wärmend
Dämmerlicht
empor

und heilt

HIMMEL

Ein Sprühnebel aus Gedankensplittern
benetzt
den brüchigen Stoff
aus dem einst große Träume waren

bleischwer fallen
Sterne
zu Boden

wie die Blätter
einer alten Margerite

Wir treffen uns
am lichttanzenden Tor

dort

wo ein neuer Himmel beginnt

HOLOGRAFIE

Famose Orgien
fadenscheinig inszenierter Augenblicke

Die Angst
unter den Fingernägeln

    lustvoll zerstört

bröckelt die von den Zeiten
mitgenommene Fassade

Einstürzende Trümmer
eines holografischen Lebens

Bilden die steile Treppe
ins Nichts

HINDURCH

Das Sternentor
berührt niemand ungestraft

muss letztlich durch

atemlos
schuldbewusst

behäbig durchdringt Ruß
die
Gänge
des verborgenen Seins

Welten?

Im Druckkochtopf schmort der
Bedenkenträger und wandelt sich
in heiße Luft

HERBST

Die Geheimnisse des Geistes
dem frischen Wind anvertrauen

Die ergreifende Wahrheit der Worte
malt
Punkte
in die warme
weiche leichte Luft.

Die Farben des Sommers
verblassen schamhaft
während sich
Blütenblätter hingeben
dem

der um die Ecke lugt

HERBSTROT

Der Herbstrausch frisst
vom Baum das Blatt

rot
satt

reif ist der Tag
gepflückt zu werden

Versteckt sich
scheu

im Preiselbeerstrauch

HONIGMANN

Beim Blick in deine Augen
wird meine Welt
langsam

fließt dahin
wie junger Honig

nährt mein Sein

ergießt sich
in süßer Wohligkeit

wie die Sommerfülle
über den Morgentau
wenn der Tag noch ganz neu ist

erinnert mich
an schwerelose Löwenzahnschirmchen
und ein Kleid

quergestreift
mit Blumendruck und Schleifen

an verschwundene Worte
aus samtweichen Geschichten
an mich

Indizien inakzeptabler Idiotie:

Ikonen
inzwischen inthronisiert
inständig ineinandergeschlungen

innige Intimität
Instrumente ihrer Ideen
immer im Idealzustand

Interessen
Isolation
Irrlichter

Indessen Interferenzen in
irrationalen Intervallen:

ICH
inhaliere Inspiration

Innen ist immer
intakt!

IHR SEIN

Zarte Funken der Achtung
die auf der Suche nach Nahrung
an der fast vergessenen Erfahrung

des Kinderglücks
vorüber schrammten

brachten
die unerprobte Nähe
beinahe
zum Kippen

der kantige Blauschimmer
des winterlichen Morgenhimmels
spiegelte sich

erhaben
in ihrem
Sein

INNEN

Ungeschickte Dokumentationen
des geplagten Gewissens
treffen wellenförmig
auf die kantige Bestimmtheit
festgefahrener Bräuche

Wende dich zum Horizont
weide dich am Geruch reifer Beeren

nimm
in dir an
aus dir heraus
in dich auf

was
außen du geglaubt

ICH BIN

Schau
der Fische Spiel
tanz selber in den Tag hinein
kräusle mich
taumelnd um die Halme
an seinem Ufer

ins Wolkenmeer
ergießt sich
Blätterrauschen

goldene Mondgespenster
warten auf die Nacht

freudetaumelnd tauche ich
aus der Tiefe
hinüber in die Welt
des Lichts

trage funkelnde Gedankenkleider
von einer die ich einst gut kannte

erkannte
sie wieder

      und bin

         bin ich.

IM SCHATTEN

Von den Rändern her
Tiefgang

ein rostiger Stapel
unwichtiger Vergänglichkeiten
spiegelt die Ästhetik purer Existenz

Beinahe
zärtlich erzählt die Chronik
aus dem Leben
im schattigen Laubengang
vergessener Werte

Im Delta der Ewigkeiten
macht es keinen Sinn
sich gegen das Tempo
der Zeit

zu stemmen

Jauchzende Jungen
jagen jämmerliche Jeremiaden
jeinseitswärts

Jetzt jedenfalls:
Jadegrüne Jahreszeiten
johannisbeerträumender Januar

Jemand jubelt!
Juwelengetränkte Juligesänge

JA!

JUNGE LIEBE

Kühles Nass
sprudelt
aus dem alten Brunnen

    lustig
    listig
    leise

Wildes Sehnen
zarte Liebe
schwängert dicht die Sommerluft

Hummelbrummen
Bienensummen
Honigduft

JA

Ich lasse los
was mich zurückhält

folge silbrigen Impulsen
die warm und weich mich leiten
durch die Nacht

bin klar und frei
zu tun und lassen
was mich lockt

wahrhaft
Schönes
füllt meinen Blick

mit Freude
Licht
und dem Murmeln des Bachs

JULIA

Im Schatten
der silbrigen Birke
scheinbar lesend

war sie damit beschäftigt
ihre Gedankenpferde
einzufangen

während ihre Augen
zum x-ten Male
sich
an die
wirr aneinander gereihten Worte

sich zu klammern mühen

entkommen
vom Balkon
der Leichtgläubigkeit

Kindheit

klassisch:
Klaviermusik klingt
konstante Konventionen
konzentriert Kunstfertigkeiten
kultivieren

künftig:
Kunterbunte Kinkerlitzchen

kühne Katarakte köstlicher
Klarheit

Kekse krümeln
knallrote Kirschen klauen
Knusprige Karotten knabbern
Kirschkernweitspucken

Kopfüber krachmachen
Kuttern
Kuscheln
Kukuruz Kettenfädeln

Kurzerhand: Kindsein!

Komm Kleine!

KOMM NÄHER

Tritt heraus
aus der Starre

verharre nicht länger
im Eispalast

Lade die Klarheit ein
mit dir zu tafeln

zu kosten vom süßen Leben
zu schmecken den prallen Geschmack
des erwachenden Tages

tanze wild
mit deinen Ideen
sei kapriziös dort und da

lass dich wachküssen
spür das Prickeln auf deiner Stirn

erkenne deine Gedanken
die sich zeigen
wie die ersten Schwalben

zu Sommerbeginn

Dein Verlangen ist unheilbar gesund

KLARE FUNKEN

Umhüllt von geräumiger Stille
nur da
sitzen

den ewigen Widerstand
gegen die Wahrheit
aufgeben

leise
in lauwarmer Klarheit baden

davon trinken

bis der Rausch
sich wieder
einstellt

in dem
Worte
helle Funken
schlagen

KINDHEIT

Große Blumenmuster
gewoben aus Geschichten
einer Kindheit an der Kittelschürze

erzählen
von Zeiten
als Farben eine Sprache
Formen Melodien
und
Menschen Zeit

hatten

KÜNSTLER

Moment!
Mal
mir deine Geschichte

aus der Tiefe
auf die nackte Haut

KIESELGEFLÜSTER

Verweile
junger Mensch
werd' ruhig

nimm auf das Sprudeln und wisse
du fließt in mir
in mich
und weit hinaus

genug bist du
wenn
du nur bist

geh

verloren
im Kieselgeflüster

KNEIPENGEREDE

Wortgrollend murmelnd
an vollen Gläsern nippen

erfahrungshungrig
sich hingeben den wilden Jahren

den Klang von Traum und Freude
aufzeichnen

begleitet von Maiglöckchen
abspielen
mit einem Gefühl
für das Damals

Im Takt der schwarzen Luft
tanzen
im Sternenschein

als gäb's
keinen Morgen
als diesen

Die Zeit

einatmen
auf der anderen Seite
des Meeres

KONSERVIERT

Ein Wolkenmeer
aus silbrigen Meinungen
gegossen

über die junge Wiese
der ungesagten Wörter

Unter der Oberfläche
kauert
schwefelig der Gestank

des Lebens in der Konserve

Probier' etwas Neues!

KLANGWELLEN

Gesponnen
aus dem Schatten der Mondsichel

durchzogen von kräftigen Fäden der
Hoffnung

ergießt sich
der grelle Farbschwall

glättet die matte Blässe ihres Alltags

Der selbe Baum
singt plötzlich
mit großer Geste
eine Arie auf ihr Dasein

Der Klang der neuen Jahreszeit
verleiht alten Dingen
schwungvoll Sinn

Stille

wer weiß
wie weit
wie lang
wie so

KINDERTAGE

Tauche ein
in die Stille zwischen den Tönen

Höre
was so lang verborgen lag
in ungesagten Worten
nie angestimmten Liedern
und Paukenschlägen im Abendverkehr

Dreh dich schneller

buntes Karussell

Bildinformationen

Alle in diesem Band abgedruckten Bilder wurden
von der Autorin fotografiert.

Umschlag: Tonskulptur, Piran 2015

DANKE!

Gerufen

aus tiefem Herzen

In die weite Welt

Für Abenteuer auf stürmischer See

Für Erholung am Ufer

Für Salz in den Wunden

Für Heilung

Für frischen Wind

Für Leuchttürme im Nebel

Für's Schwimmen in neuen Meeren

Für Rettungsringe im richtigen Moment

Für Auszeiten, Einsichten, Fortschritte

Für stabile Anker und viel Freiraum

      vor allem

Für Gemeinsamkeit in diesen wilden Zeiten

Kontakt zur Autorin

Foto: Evelyn Hrnonek - Kamerawerk

Mag. Barbara Graber
QUANTENRAUM

www.quantenraum.at
graber@quantenraum.at

Ebenfalls bei BOD erschienen

Graber, Barbara   **Wortschätze 2**
Fundstücke & Treibgut
aus dem Meer des
Lebens Lyrikband 2015

Graber, Barbara   **Leben eben**
Wortmalerei-Gedichte
über das Leben
Lyrikband 2012

Graber, Barbara   **Den Quantenraum
erobern** – Impulse für
Menschen, die WIRtschaft
gestalten Impulse 2011